NAPLES

SELON L'HISTOIRE.

RÉPONSE

A UN BARONET ANGLAIS

A L'ÉGARD

DE L'AUTRICHE

EN ITALIE.

Par l'Auteur de L'ITALIE MILITAIRE.

QUESTE PAGINE

CHE I REI TEMPI DETTAR MI FANNO

IN LINGUA STRANIERA

DEDICO A TE

SOMMO CITTADINO

OVE NEL TUO POPOLO

AVESSI FEDE MAGGIORE

Imprimerie de Madame DE LACOMBE, rue d'Enghien, 42.

NAPLES

SELON L'HISTOIRE.

M. de Châteaubriand a dit dans son congrès de Vérone, « La constitution de Cadix a été imposée à Naples : Naples en fut pour son caprice ; il lui fallut retourner à son soleil et à ses fleurs. »

Nous examinerons bientôt si, en effet, il a existé quelque liaison, quelque accord entre les libéraux d'Espagne et les patriotes de Naples. Nous n'essaierons pas de démontrer ici que le beau ciel qui donne des fleurs, donne aussi aux habitans l'aptitude à l'énergie morale et physique plus que dans tous les autres climats de la terre. L'illustre écrivain sait très bien que le soleil de Naples est le même que celui des vainqueurs de Marathon et de Platée, que celui des Macédoniens, et de ces légions qui subjuguèrent le monde et l'étonnèrent si long-temps ; enfin celui des vaillans Samnites.

En laissant de côté ces théories, sur lesquelles on n'a que trop raisonné, nous irons droit aux faits. Notre tâche sera d'établir que les peuples des Deux-Siciles, depuis que l'histoire nous en parle, ont toujours conservé dans leurs vicissitude assez d'énergie pour se relever du triste état dans lequel ils ont été placés par leurs gouvernemens, ou par un sort ennemi. La fortune, dit Salluste, maîtrise les peuples, et, au gré de son caprice, les rend ou grands ou malheureux.

Les hommes vivent tellement sous l'influence des résultats et du présent, que si nous réussissions même à démontrer d'une manière incontestable ce que nous nous proposons de soutenir, ils ne changeraient rien à leurs idées déjà arrêtées. Par exemple, si la fortune n'eût mis les Prussiens à même de prendre leur revanche après leur malheureuse campagne d'Iéna, toute justification leur aurait été inutile. Il a fallu aux Français tout l'éclat de vingt-cinq ans de victoires pour que leurs derniers revers ne les fissent pas tomber bien bas. Ainsi, habitans des Deux-Siciles, ou signalez-vous par des nouveaux faits, ou l'opinion de l'Europe sera impitoyable pour vous. Nous écrivons cependant ce peu de mots, entraîné par un sentiment irrésistible, à en appeler à la justice qui vous est due.

Les faits parlent pour nous, et nous ne nous permettrons que peu de remarques ; surtout nous serons brefs, car l'intérêt qu'inspirent les morts (si toutefois ils en inspirent) est toujours très faible.

La partie du royaume de Naples, connue jadis sous le nom de Grande-Grèce, eut ses philosophes, ses législateurs et ses Hercules, qui ne cédèrent en rien à ceux de la Grèce propre, et quelquefois même les surpassèrent. Milon le Crotoniate est moins fabuleux que l'Hercule de Thèbes. Depuis la glorieuse époque de la Grande-Grèce jusqu'à celle où les Romains commencèrent à étendre leur domination sur des peuples de leur voisinage, le midi de l'Italie ne renferma que des républiques plus ou moins grandes, plus ou moins glorieuses ; mais aucune d'elles ne fut assez obscure pour ne pas inscrire son nom sur les tableaux de

l'histoire. Les Samnites sont plus connus, à cause de la persévérance et du bonheur avec lesquels ils combattirent les
légions de Rome.

A qui la gloire dont brilla la Sicile et les grands hommes
qui illustrèrent cette île sont-ils inconnus? La Sicile fut un
moment l'émule de la Grèce. Syracuse tomba, mais ce fut
avec honneur : sa défense fut le chef-d'œuvre du génie humain.

Annibal se soutint contre Rome pendant tout le temps
qu'il resta dans les provinces qui portent aujourd'hui le
nom de Calabres, parce qu'il était secondé par les habitans.
Les Calabrais aidèrent aussi puissamment Spartacus contre
Rome.

A la chute du vaste empire des Césars, la liberté italienne et la civilisation de l'Europe n'eurent d'autre asile
que les villes de l'Italie méridionale ; et Naples, dont le peuple n'avait pas alors plus de besoins que n'en a celui de
nos jours, se gouverna avec gloire en république pendant
plusieurs siècles. Dans l'intervalle qui sépare ce temps de
l'avènement de Roger au trône, presque toutes les provinces napolitaines furent gouvernées par de petits princes que
les loisirs et les délices de la paix avaient énervés. S'ils se
faisaient la guerre les uns aux autres, c'était avec mollesse
et sans art ; aussi se virent-ils hors d'état de se défendre
dès qu'ils furent exposés aux attaques consécutives des Sarrazins. Mais lorsqu'un long concours de circonstances heu-
reuses eut élévé à l'empire de l'Italie méridionale les princes
normands, on vit le peuple de ce pays, conduit par des
chefs si braves, reprendre sa supériorité, combattre et
vaincre, non-seulement les Sarazins, mais encore l'empereur d'Orient, l'empereur d'Occident et les papes qui alors
étaient à l'apogée de leur puissance.

Sous les princes suèves, les Napolitains ne se distinguèrent pas moins; et si Manfroy, quoique prince vaillant, se vit abandonné de ses barons et de leurs milices dans les plaines de Bénévent où il perdit la vie, c'est parce qu'il avait montré pour les Sarrazins la même préférence et la même confiance que montre maintenant le roi de ces pays pour ses régimens suisses.

La plus grande partie des forces que Charles 1er d'Anjou employa pour délivrer son frère saint Louis, sur le point d'être fait prisonnier en Afrique, et pour conquérir la Morée sur l'empereur grec, étaient napolitaines.

Les règnes des autres princes angevins et aragonais ne furent qu'une suite de guerres civiles, par la raison que nul d'entre eux n'eut le bon esprit de naturaliser sa dynastie, et de déjouer ainsi les intrigues du Vatican.

Au-delà du Phare, les habitans de l'île de Sicile, en secouant le joug de Charles d'Anjou, montrèrent un grand sentiment de nationalité. Ils acquirent ensuite une gloire immortelle, en combattant pour leur indépendance, sous Pierre d'Aragon, non-seulement contre les Aragonais, mais encore contre les plus puissans princes de l'Europe, réunis et excités par les papes, qu'on peut bien appeler *prima sola, sempiterna cagion funesta* de tous les malheurs des Italiens.

Les changemens de dynastie et les guerres qui s'en suivirent, tournèrent au profit de l'Espagne, et les Deux-Siciles, vers la fin du 15ᵉ siècle, tombèrent sous la domination des vice-rois. Elles donnèrent aux Espagnols des soldats et des généraux qui partagèrent la gloire des armées de leur vaste empire. Pescara était napolitain, et gagna la bataille de Pavie; et l'on a vu de nos jours l'amiral Gravina, autre napolitain, commander la flotte espagnole à Trafalgar, où il fut tué en se montrant homme de tête et de cœur.

Chez ces mêmes peuples, au temps des vice-rois, on vit des actions de vigueur, qui font époque dans l'histoire des hommes. Au commencement du 16ᵉ siècle, l'Espagne voulut leur faire subir l'inquisition, et, à plusieurs reprises, ils la repoussèrent les armes à la main, avec courage et persévérance. En 1647, le peuple de la ville de Naples, ces lazaronis, si mal connus, montrèrent une énergie dont on cherche vainement un exemple ailleurs. Isolés dans les rues de Naples, ils combattirent pendant neuf mois la puissance espagnole dont l'armée occupait tous les forts de la ville, y compris celui de Saint-Elme, qui la domine. Ils n'avaient point de chef, car le pêcheur Masaniello avait été tué le neuvième jour de la révolte. Si le duc de Guise, qui offrit ses services au peuple, et fut proclamé son général en chef, eût eu la moindre capacité, les Espagnols auraient été chassés du pays.

La fortune, si sévère envers les peuples siciliens, parut enfin se fatiguer, et les Deux-Siciles cessèrent d'être province espagnole : elles eurent un roi qui débuta par gagner la bataille de Velletri, contre les Autrichiens. Si le roi Charles de Bourbon eût eu un successeur d'une capacité égale à la sienne, le peuple des Deux-Siciles ne serait peut-être pas devenu un grand peuple, mais nous ne serions pas obligés du moins de démontrer en faveur de nos concitoyens des vérités que personne n'aurait pu révoquer en doute.

Le destin n'avait souri aux Deux-Siciles que pour les replonger dans l'infortune. A Charles, succéda Ferdinand, son fils. Jamais roi n'aima plus que lui, *il dolce non far niente*, et cependant il avait été doué de talens naturels plus qu'ordinaires ; mais il épousa Caroline d'Autriche. Notre plume se refuse à caractériser cette reine. Nous nous bornons à dire que la triste fin de Marie-Antoinette, sa sœur, et les mauvais conseils d'un étranger devenu premier ministre, l'entraînèrent dans une politique qui devint funeste à la dynastie de Naples et aux peuples de ce pays.

Dans ce royaume, les hommes les plus distingués par leur talent, par leur richesse, par leur naissance, furent jetés dans des cachots affreux. Il en arriva de ces violences comme de l'ostracisme d'Athènes : la persécution était un grand malheur, mais elle honorait les victimes, et on aurait eu de la peine à rencontrer un seul jeune homme bien élevé qui n'eût pas brigué l'honneur d'un tel martyre.

Le roi de Naples déclara la guerre à la France : ses troupes, à Toulon, suivirent le sort des troupes anglaises, mais au temps du général Bonaparte, dans les plaines de la Lombardie, la cavalerie napolitaine se fit remarquer à côté de celle des Autrichiens.

L'année 1798 arrive ! année pour long-temps fatale aux Deux-Siciles, et par conséquent à toute l'Italie. C'est dans cette année que les patriotes, c'est-à-dire la fleur de la nation, formaient des vœux contre l'armée du roi, parce que cette armée était le soutien d'un gouvernement détesté. Nous faisons grâce au lecteur des détails sur l'organisation des troupes à la tête desquelles le roi Ferdinand marchait contre des Français. Il nous suffira de dire que les deux tiers d'entre elles avaient été levés par un decret qui fut expédié cacheté, dans toutes les communes du royaume, avec ordre de l'ouvrir partout le même jour et à la même heure. Si l'on s'était proposé d'envoyer ces nouveaux défenseurs de la patrie aux galères, aurait-on pu s'y prendre autrement?

Après trois mois d'instruction, pendant laquelle le bâton avait été fréquemment employé, les Napolitains se trouvèrent en ligne devant ses bandes les plus aguerries de l'Europe. La plupart des généraux qui commandaient cette armée improvisée, et Mack, qui était leur chef, ne connaissaient ni le moral ni la langue du soldat. Cette armée de cinquante-cinq mille hommes, fut battue par les Français, moins pourtant un corps de huit mille hommes, commandes par le général Damas, français, homme de cœur, qui exécuta une belle retraite, et s'embarqua sur la côte de la Toscane. Au premier revers, le roi Ferdinand prit la fuite et se sauva. Où se sauva-t-il ? en Sicile. Est-ce le soleil ou bien la fortune des Napolitains qui leur donna un tel roi?

Avant de s'embarquer, Ferdinand fit ouvrir au peuple les magasins qui renfermaient quarante mille fusils, afin qu'il s'en servît pour massacrer les patriotes. Les lazzaronis, plus généreux que le roi, allèrent seuls à la rencontre des Français qui, de Capoue, s'avançaient sur Naples. Le peuple combattit avec un courage admirable, d'abord en plaine, hors de la capitale, puis ensuite dans les rues; et les Français ne seraient certainement pas entrés dans Naples, s'ils n'eussent été aidés par les patriotes, qui se rendirent maîtres du château Saint-Edme.

Les Calabres se levèrent en masse contre l'étranger, et, dans la Pouille, les villes d'Andria et de Trani rappelèrent, par leur défense opiniâtre et désespérée, celle de l'ancienne Sagonte. Il semble cependant qu'il y a de l'énergie dans tout cela.

Qu'on suppose un prince, sinon guerrier, au moins doué de quelque courage, une armée formée des mêmes élé-mens, mais instruite, mais affermie par le patriotisme et par la discipline; et que l'on nous dise si les vainqueurs n'eussent pas couru de graves chances d'être vaincus ? Il faut bien remarquer que, quoique l'armée fût débandée, les soldats n'en allèrent pas moins d'eux-mêmes et de bonne volonté combattre avec le peuple.

Les Français, pour faire face aux Austro-Russes sur les rives du Pô, sont forcés d'évacuer le royaume de Naples. Alors un nombre de patriotes, ou plutôt de héros, aux prises avec le peuple et avec ses auxiliaires les Anglais et les Russes, demeure inébranlable, et continue de faire tête à cette foule d'ennemis d'autant plus acharnés qu'ils sont encouragés par la supériorité numérique de leurs forces ; l'immortel détachement de républicains calabrais, auquel on avait confié la défense du fort Vigliena, près de Naples, accablé par les nombreuses bandes du cardinal Ruffo, monté par la brèche, met le feu aux poudres, et les vainqueurs mêlés aux vaincus subissent le même sort. Le cardinal, dont l'avant-garde est composée de deux mille Russes, attaque la capitale. Les patriotes, jeunes, vieux, avocats, prêtres, pères de famille, ne désespèrent pas et ne se replient pas devant ces troupes ; mais, malgré une résistance opiniâtre, ils sont battus, et se retirent dans les châteaux. De là ils font plusieurs sorties avec succès. Leur courage et l'exemple de Vigliena leur fait accorder par le Roi, les Anglais et les Russes, une capitulation, en vertu de laquelle ils sont libres de se rendre à l'étranger, ou bien de vivre tranquilles dans leurs foyers ; mais ils préférèrent l'exil. Et c'est alors que malgré la capitulation, trois cents à peu près de ces patriotes, choisis parmi les plus distingués, furent livrés aux bourreau, les autres furent envoyés en France. L'intrépidité avec laquelle les condamnés reçurent la mort aurait pu faire croire qu'ils étaient nés sous les lois de Lycurgue. Nelson offre à son médecin de lui faire obtenir sa grâce s'il en fait la demande. Le médecin Cirillo répond que jamais il n'implorera la clémence d'un Roi parjure : Cirillo fut pendu. Le philosophe Mario Pagano est en présence du tribunal sanguinaire; un des juges lui dit : « Le peuple demande votre tête.—Hâtez-vous de le satisfaire, qu'il soit souverain du moins une fois et je ne regrette pas la vie. » On l'exécute. O ma patrie ! ta triste condition ne t'empêche pas d'avoir de tels enfans. Toutes les capitales de l'Europe continentale ont subi une ou plusieurs invasions, et cependant le peuple de ces villes n'a point cherché à les prévenir, aucun n'a donné l'exemple de ces pauvres lazaronis amollis par leur beau soleil !

En 1806, le Roi des deux-Siciles se déclara encore une fois contre la France. Les vainqueurs d'Austerlitz se mettent en marche vers Naples. Les vingt-cinq mille Anglais et Russes débarqués pour coopérer à sa défense s'empressent de gagner leurs vaisseaux. Le Roi, en se sauvant une seconde fois en Sicile, laisse des ordres pour que quinze mille hommes de ses mauvaises troupes, le rebut de la nation, se mettent en devoir d'arrêter l'ennemi. Ces troupes se débandèrent sans coup férir, et de nouveaux cris s'élèvent contre la nation napolitaine. On la déclare molle, énervée, sans courage ; mais voyons-la agir d'elle-même, et suivons-la dans les faits. Elle se partage en deux partis bien dessinés, celui des classes éclairées se prononce pour les institutions que la France promet ; le reste du peuple se décide à combattre l'étranger. Selon nous, le parti pris par le peuple fut le plus noble. Mais peut-on blâmer les classes clairvoyantes qui, ayant sous les yeux les atrocités de 1799, acceptent une grande humiliation en vue des avantages qui doivent en résulter pour le pays? Nous laissons aux Français le soin de décrire un jour les détails de la guerre horrible qui s'engagea entre le peuple du royaume et les conquérans soutenus par les hommes éclairés, les riches et les nobles. Qu'on ne dise pas que le peuple, ainsi qu'il arriva en Espagne, avait pour auxiliaires les troupes étrangères. Les six mille Anglais qui débarquèrent en Calabre, après avoir battu le général Reynier, regagnèrent leurs vaisseaux pour ne plus reparaître dans le royaume. Il faut qu'un peuple ait bien de la vigueur pour combattre à la fois une armée étrangère renommée par tant de hauts faits, et les classes les plus influentes de la nation, bien dirigées par l'étranger.

La séparation des partis était tellement tranchée, que dans un millier de bandes composées des hommes du peuple, qui parcouraient toutes les provinces, on n'en citait pas une qui eût pour chef un homme doué de quelque éducation. Cette circonstance n'affaiblissait pas l'enthousiasme populaire. En vain Masséna, précédé de son nom, fait sommer la ville ouverte de Lauria de se rendre. Le peuple en armes, ne pouvant la défendre, se dévoue à la mort, pourvu qu'elle coûte cher à l'étranger. Le grand capitaine enfant du nord de l'Italie, est forcé d'en venir à l'impitoyable mesure de faire mettre le feu aux habitations, dans lesquelles des milliers de patriotes, appelés brigands alors, s'était renfermés. Ils en avaient muré ou barricadé les portes, et périrent dans les flammes, en faisant un feu meurtrier par les croisées et par dessus les toits. Plusieurs fois en traversant cette malheureuse ville, les monceaux de cendres parsemés d'ossemens humains qui s'offraient à nos regards, remplissaient nos yeux de larmes et saisissaient notre cœur de honte. Lorsque sous les murs de l'Amantea assiégée, et puis bloquée par les généraux Verdier et Reynier, nous voyions les prodiges d'une poignée de Calabrais, qui défendirent pendant neuf mois bien comptés, contre les vainqueurs de Marengo, cette petite ville, dont la faible enveloppe n'était pas même flanquée; lorsque nous étions témoins de tant d'autres actions de la valeur la plus brillante, et qu'on nous parlait de l'opposition vigoureuse que rencontrait le général Lamarque dans la Basilicate, nous rougissions de combattre sous le drapeau de notre choix, et cependant c'était le patriotisme le plus pur qui nous l'avait fait adopter ! C'est avec la fièvre de la nationalité dans l'âme que, dans les rangs de l'étranger, nous combattions les hommes de notre pays armés pour sa défense ! ! C'est dans cette guerre parricide que nous apprîmes à connaître l'aptitude et la force de nos compatriotes, que nous vîmes de quoi ils sont capables lorsque leur résolution est bien arrêtée. C'est dans les Calabres que nous acquîmes la conviction que les Italiens. pour conquérir leur indépendance, pour redevenir ce qu'ils furent jadis, n'ont besoin que de s'entendre. Conviction à jamais fatale pour nous, mais qui, en dépit de tout ce qu'elle nous coûte ne nous fait point envier le sort de ceux qui, pour ne l'avoir pas partagée, ou l'avoir reniée, jouissent d'une position sociale qu'on appelle brillante.

Après tant d'efforts, tant de sang répandu des deux côté, le peuple, éclairé sur ses intérêts plutôt que vaincu, déposa les armes. Si le sentiment de sa faiblesse et de son infériorité avait seul déterminé sa soumission, le roi Joachim qui, en 1810, n'aurait pu se soutenir sans l'appui d'une armée française, se serait-il vu, en 1817, à la tête de l'armée napolitaine qui marcha contre les Autrichiens, tandis que d'autres troupes nationales tenaient tête aux Anglais dans ces mêmes Calabres foyer d'insurrections? Et qu'il nous soit permis de faire remarquer combien sous un heureux climat le moral du peuple est susceptible d'amélioration ; car, en 1809, les Calabrais combattaient encore en faveur d'une dynastie absolue, et deux ans après il comptaient déjà des victimes de la cause constitutionnelle. C'est parmi ce peuple que prit naissance ce carbonarisme politique qui devait se répandre si loin en Europe, et que chacun calomnie à sa manière, parce que, ses promesses furent rendues vaines par la toute puissance des événemens.

Nous ne parlerons pas des troupes napolitaines qui combattirent comme auxiliaires dans les armées françaises, justice leur a été rendue par leurs frères d'armes.

Dans la campagne de Murat contre l'Autriche en 1815, les Napolitains se trouvaient seuls; leur nombre était de beaucoup inférieur à celui des troupes de l'armée ennemie. L'Europe, en voyant le Roi Joachim jouer dans cette campagne le tout pour le tout, dut penser que ce prince employait contre son puissant ennemi toutes les forces dont il pouvait disposer, et qu'il faisait agir tous les ressorts qui étaient en son pouvoir pour exciter son peuple à le seconder. Mais il fit autrement. Avant d'entrer en campagne, non-seulement il n'accorda pas aux Napolitains les institutions pour lesquelles déjà tant de généreux citoyens s'étaient sacrifiés, que le reste de l'Italie attendait avec une si juste impatience, et que le Roi Ferdinand de Sicile avec les Anglais avaient si hautement promises, mais il ne prit pas même l'engagement formel de les octroyer. Ce qui est moins concevable encore, c'est qu'il n'entra pas en campagne avec toutes ses forces, et qu'il ne passa pas la frontière avec plus de trente mille hommes; les présens sous les armes n'atteignaient pas ce nombre. Mais du moins ces troupes étaient-elles bien organisées? Y avait-il une grande discipline parmi elles? Le choix des généraux et des officiers supérieurs ne tombait-il que sur le véritable mérite? Non, et ce fut bien souvent le contraire. Capitaine décidé, opiniâtre, et en même temps d'un sang-froid sans égal sur le champ de bataille, Joachim ne possédait pas assez l'art d'organiser, de discipliner et d'administrer une armée, ou peut-être son caractère plein de vivacité l'empêchait-il de se plier à ces détails. D'ailleurs il eut rarement le temps d'y consacrer des soins; Napoléon l'appelait tantôt à Paris, tantôt à de grands commandemens. Néanmoins, qu'on lise les mémoires écrits par les Autrichiens eux-mêmes sur cette campagne, et l'on jugera si les Napolitains ne firent pas plus que ce qu'on devait attendre de troupes inexpérimentées, et inférieures en nombre aux troupes aguerries qu'ils allaient affronter. Après deux grands combats, où la supériorité reste à l'armée de Murat, elle exécute une retraite de cinquante lieues, et s'arrête pour livrer bataille sur les champs de Macerata, où la victoire est disputée pendant trois jours;

les Napolitains ne l'aurait pas perdue, si leurs forces n'avaient pas été, dans cette circonstance décisive, presque la moitié moindre que celle de l'ennemi. Nous en appelons aux hommes de guerre ; qu'ils disent si l'on est bien en droit de reprocher aux vaincus le triste résultat d'une campagne si mal préparée ?

Nous voici au retour des Bourbons à Naples. Arrêtons-nous pour examiner si, pendant neuf à dix ans que Napoléon et Joachim gouvernèrent ce pays, et quoique la moitié de cette période se soit écoulée dans les convulsions de la guerre civile, les Napolitains ne surent pas profiter des avantages que pouvait leur présenter le séjour parmi eux d'é-trangers appartenant à une nation très avancée dans les institutions sociales. Le roi Ferdinand dira s'il ne trouva pas leurs progrès tels, qu'il aurait pu croire qu'il les avait quittés depuis un siècle. A son arrivée à Naples, on le voit con-férer les places civiles et militaires les plus élevées à ceux qui les avaient remplies sous Joachim, et avec meilleure grâce même que les Bourbons de France n'en mirent à l'é-gard des serviteurs de l'empire. L'administration , le Code civil et militaire, restèrent en vigueur, et Ferdinand fut re-gardé comme le chef des libéraux par ceux qui l'avaient sui-vi en Sicile. Agissait-il ainsi de son plein gré ? Non, il obéissait à la nécessité, et se trouvait lui-même entraîné par le mouvement général des esprits en-deçà du phare. Et la preuve qu'il faisait violence à son inclination personnelle, c'est qu'en même temps il abolissait les constitutions accor-dées aux peuples de l'île de Sicile.

Cependant cette tolérance apparente fit que dans la ré-volution de 1820, on oublia tout le sang qu'il avait répan-du en 1799. Mais pourquoi cette révolution de 1820 ? Pré-cisément parce qu'à cette époque les rigueurs du despotisme ne pesaient pas sur la nation ; la révolution ne fut que le résultat de principes, d'un désir raisonné d'institutions, d'un besoin moral. D'ailleurs, les souvenirs des rigueurs passées étaient trop récens pour que chacun ne cherchât pas à en prévenir le retour par une garantie qui ne se trouve que dans les institutions.

Nous ignorons où le savant auteur du *Congrès de Vérone* a pris que la constitution de Cadix avait été imposée à Naples. Il aurait été plus exact s'il avait dit que la révolution espagnole eut beaucoup d'influence sur la révolution napolitaine, de même que la révolution française de 1830 a eu une grande influence sur la réforme en Angleterre. Nous avons la certitude qu'avant la révolution napolitaine de 1820, les libéraux espagnols n'écrivirent jamais à ceux des Deux-Siciles pour les pousser à suivre leur mouvement, lequel était arrivé six mois avant celui de Naples. Ce ne fut qu'après la révolution napolitaine que les sociétés patriotiques de presque toutes les provinces d'Espagne envoyèrent des adresses au général en chef à Naples, lesquelles parurent dans les journaux.

Les Napolitains prouvèrent qu'ils désiraient la liberté à tout prix, en mettant à la disposition du Régent une armée de 50,000 hommes, presque autant de milices, l'argent nécessaire pour la guerre, et en déclarant par des adresses continuelles, qu'ils étaient prêts à des sacrifices beaucoup plus grands. D'où vient donc que sur le champ de bataille tous ces moyens ne servirent à rien ? La réponse à ce reproche se trouve dans la confiance que le parlement accorda imprudemment à un prince qui s'était montré patriote en Sicile, et qui ne feignit d'embrasser la cause des reformes et de la révolution que pour la trahir, à un prince dont le père suivait l'armée antrichienne en marche sur Naples. La réponse à ce reproche se trouve encore plus évidente dans l'observation qui suit. En 1815, Joachim n'ayant que 30,000 hommes dans les plaines, et étant obligé de passer des rivières, combat avec succès dans plusieurs rencontres les Autrichiens, et finit par une bataille qui, quoique perdue, fut douteuse pendant trois jours. En 1821, les troupes napolitaines et les milices sont plus nombreuses qu'en 1815, et n'ont pas de rivières à passer; au lieu de plaines, n'ont que de fortes positions, et l'enthousiasme le plus vif les anime. Cependant elles n'offrent qu'une faible résistance, et sur un seul point de la frontière, et cela même malgré les instructions du Régent. N'est-il pas bien évident que ce contraste fut la conséquence de la trahison du prince, qui trouva, comme les princes qui sont au pouvoir en trouvent toujours, des traîtres dans l'armée et des hommes faibles dans le congrès national. D'ailleurs, il est faux que les forces de la nation aient été conduites à l'ennemi. La trahison et l'iniquité firent en sorte qu'une fraction seulement des milices et des troupes fut opposée à l'armée autrichienne, laquelle, dans son total de 52,000 hommes, cernait les Abruzzes, tandis que la majeure partie des corps napolitains s'éloignaient de la frontière sans coup férir, et que les soldats, indignés d'un tel manque de pudeur, faisaient feu sur leurs généraux, qui déclaraient dans ce moment décisif, et non pas avant, qu'on ne devait pas tirer sur les Autrichiens, parce que le roi Ferdinand était parmi eux.

Ainsi, en 1815, le roi de Naples veut la guerre, mais au lieu de la rendre nationale il la dépopularise, il va la faire loin des admirables positions qu'offre le pays. En 1821, la les guerre est nationale, elle doit se faire dans les plus belles positions que l'on pourrait désirer, mais le roi se place dans rangs de l'armée autrichienne, et son fils le surpasse en fausseté et en trahison. Dans l'une, comme dans l'autre époque, les Deux-Siciles, au lieu de s'aider entr'elles, se font la guerre. Or, cette persévérance de combinaisons défavorables doit-elle être attribuée à un défaut d'énergie, et de volonté de la nation ?

Quand même l'armée napolitaine de nouvelle organisation, et les milices, eussent, en 1821, montré de la faiblesse dans leurs premiers faits d'armes, avant de blâmer leur conduite, ne devrait-on pas se rappeler ce qui arriva aux Américains des Etats-Unis dans la guerre de l'indépendance, ce qui arriva même aux Français à la première campagne de leur révolution près de Lille ? Proclamez donc indignes de liberté les Belges, qui déployèrent tant de bravoure en 1830 parce que, sous un roi loyal, on les a vus depuis soutenir si mal le choc des troupes hollandaises, tandis que les Français étaient à peu de distance pour les secourir !

Imaginons qu'un de ces beaux jours l'armée napolitaine actuelle, organisée telle qu'elle est, entrât en campagne, nul doute qu'elle ne se débanderait avant de combattre. En vain l'on dirait alors à l'Europe : cette armée sort d'un peuple qui serait charmé de voir son gouvernement culbuté ; ses officiers sont mécontens ou incapables, car ceux qui avaient fait la guerre, s'étant prononcés pour leur patrie, ou furent mis de côté, ou éprouvèrent des injustices dans leur carrière ; dans cette armée, l'avancement se donne rarement au mérite ; les corps composés de nationaux sont mal payés, tandis que les régimens suisses sont gorgés d'or ; en vain vous diriez avec Machiavel : si vous voulez connaître ce que valent ces hommes mal dirigés, ayez des duels, combattez corps à corps avec eux, et vous verrez qu'ils vous étonneront par leur intrépidité et leur adresse. Les Irlandais vaincus sous Jacques II, répondaient au mépris des Anglais, leurs vainqueurs, en disant : changeons de roi, et nous verrons. Toutes ces raisons sans réplique sont cependant comptées pour rien. Aux résultats ! Aux résultats ! c'est la réponse inconsidérée de tout le monde.

D'un autre côté, imaginons que le roi des Deux-Siciles dit à son peuple : « Je veux satisfaire aux désirs de la nation ; je veux régner en homme et sur des hommes, mais il vous faut défendre l'indépendance nationale et le trône 'de votre roi ! c'est alors qu'on verrait de quoi les peuples des Deux-Siciles, ayant une patrie, sont capables. Alors on verrait s l'Autriche si menaçante lorsque Joachim avait contre lui les Anglais, Ferdinand de Sicile, et une partie de ses sujets ; si l'Autriche si hardie lorsque la trahison précédait ses étendards, lorsque les escadres anglaise et française, dans la rade de Naples, conspiraient en sa faveur, oserait franchir la barrière du Pô !

Mais la fortune qui détacha de l'Amérique un prince courageux pour briser les chaînes portugaises, ne répète pas souvent de tels miracles. Elle n'inspire pas à ton roi, ô ma patrie ! la magnanimité de don Pédro, enlevé trop tôt à son peuple. Il faut que des circonstances favorables placent tes enfans dans la position de développer leur nature énergique. Il faut en même temps que le détroit de Scylla, au lieu de les affaiblir en les séparant, augmente leur force, de même que la force d'une place de guerre et de sa cidatelle, est augmentée par les eaux qui coulent entre les deux. C'est alors que tes enfans obligeront les hommes à être justes et à cesser de te calomnier.

————

RÉPONSE

A UN BARONET ANGLAIS

A L'ÉGARD

DE L'AUTRICHE EN ITALIE.

———◦———

Monsieur,

Votre lettre du 4 du mois passé, m'a fait un très grand plaisir, malgré la divergence de nos opinions et de nos sympathies, ce qui prouve à la fois votre mérite, et votre amabilité. J'ai été très satisfait d'apprendre la situation avantageuse qui s'est offerte à votre jeune fils ; mais je regrette extrêmement que son retour à Londres vous ait obligé de renoncer à votre voyage en Italie, surtout si vous en faisiez le tour étant animé de ce même enthousiasme que je vous ai connu la première fois que j'ai eu l'honneur de vous voir. Car l'Italie a été, et sera toujours, un pays poétique par son climat, sa configuration, et le moral de ses habitans. L'Italie en outre gagne à être connue par les savans, car sa gloire n'a pas de date, tandis qu'elle n'est asservie que depuis trois siècles.

En vérité je n'ai pas lu, et je ne lirai pas le manuscrit que vous allez publier sur l'Autriche. Ce n'est pas que la patience me manque, comme vous le dites, pour suivre une lecture qui me fait de la peine. Les oreilles des personnes élevées à l'école du malheur ne sont pas chatouilleuses. Mais mon amitié pour vous m'empêche de la lire, car je veux éviter de vous examiner de votre côté faible. Je lirai à la place, moi qui ne lis jamais de romans, celui qui vous a fait une si belle réputation.

Vous devez cependant me permettre une réponse à ce que vous m'écrivez à l'égard de l'Autriche. Je dois avant tout vous témoigner ma surprise de ce que vous me croyez mal informé de sa conduite soit à l'intérieur, soit à l'étranger. Vous oubliez que c'est un devoir pour moi de connaître exactement l'ennemi de mon pays, l'ennemi implacable des Italiens, lesquels depuis les Alpes jusqu'à la Sicile, ayant combattu avec succès le pouvoir absolu de leurs princes, l'auraient détruit à jamais, s'ils n'avaient pas été soutenus par l'Autriche, aidée elle-même par les autres puissances alliées. A l'intérieur, je ne crois pas que le gouvernement autrichien soit pire que ceux de la Russie, du grand seigneur, ou des princes italiens. Le maître caresse de bon cœur son esclave, s'il se montre toujours soumis et jamais exigeant. Les Autrichiens, que les autres nations de l'Allemagne dédaignent d'appeler Allemands, ressemblent à ces aveugles nés qui ne sauraient regretter la lumière. Les gouvernemens de tous les états d'Italie étaient plus doux même que le gouvernement autrichien d'aujourd'hui, lorsque l'amour de la liberté s'était profondément endormi dans le cœur de ces Italiens qui, seuls parmi tous les peuples de l'Europe, avaient connu ce que c'est qu'une liberté complète. Vous ne devez pas ignorer Monsieur, que les gouvernemens absolus sont mauvais par la seule raison qu'ils sont arbitraires. Alfieri les appelle les Sgoverni. Chez les anciens, lorsqu'on ne connaissait pas les princes dont le pouvoir est limité par des institutions, le nom de toi était synonime de celui de tyran. Et vous, Monsieur, vous anglais, comment avez-vous pu faire l'éloge d'un régime arbitraire?

A l'égard de la conduite du gouvernement autrichien en Italie, selon moi, vous avez été un peu sévère dans votre préface, en disant, que vous ne vouliez pas défendre sa politique envers l'étranger. En vérité peut-on blâmer l'Autriche de ce qu'elle ne renonce pas à ses conquêtes? L'histoire nous offre-t-elle un seul exemple de générosité semblable? Et puisque l'Autriche ne peut pas renoncer à sa conquête de la Lombardie, et du vénitien, ses rigueurs envers ces peuples impatiens de secouer son joug, et l'influence qu'elle exerce sur le reste de l'Italie, ne sont-elles pas commandées par la nécessité, voulant conserver sa domination? Ainsi vous ne m'avez jamais entendu déclamer contre l'Autriche; et surtout au moment où je vous écris, un Italien aurait-il encore le droit de se plaindre d'elle? D'elle qui, après avoir fait gémir dans les fers, ou dans l'exil un grand nombre de citoyens de bien pendant dix-huit ans, pour ne les punir d'autre crime, que d'avoir fait des vœux pour la liberté de leur patrie, ou d'avoir sympathisé avec les mouvemens du nord et du midi italien, vient leur dire aujourd'hui d'un ton solennel: « demandez-moi la grâce de faire cesser vos punitions, et ma clémence décidera de votre sort. »

Je ne me suis occupé toute ma vie que d'appeler mes compatriotes aux armes contre les forces des étrangers qui ont traversé les Alpes, d'abord sous le drapeau français, et ensuite sous celui de l'Autriche. J'ai tâché de mon mieux, d'indiquer aux Italiens les moyens par lesquels ils peuvent combattre l'ennemi commun. L'intérêt des Autrichiens est de river nos fers : le devoir des Italiens est de les briser à à tout prix. Loin de blâmer l'Autriche de son manque de douceur, je voudrais la voir plus cruelle que les Espagnols ne le furent en Amérique; je voudrais la voir maîtresse de toute la Péninsule; je voudrais voir son joug peser sur l'habitant des Abruzzes, sur le Calabrais, sur le Sicilien; mais elle se garde bien d'étendre ses conquêtes au-delà du Pô.

Si je suis tombé d'accord avec vous sans difficulté sur « the uniform Gentleness » du gouvernement autrichien, il m'est tout-à-fait impossible de laisser passer sans remarque ces deux lignes de votre lettre. « *Look back the poor old Briton; under the operation of your ancestors, and yet the Romans were good for some thing nevertheless.*»

La partie la plus difficile de l'histoire, est d'alléguer les exemples qu'elle nous offre avec à propos; selon vous les Italiens d'aujourd'hui sont à comparer, *to the Old Briton*, à l'époque à laquelle ils furent attaqués par les Romains. D'autre côté les Autrichiens que vous venez de visiter, et les Romains du temps de César, de Caton, de Cicéron, se ressemblent comme deux gouttes d'eau. César dit de vos insulaires; « Ils vivent du lait et de la chair de leurs troupeaux; ils se peignent le corps avec des pastels, ce qui les rend comme le vert de mer : ils laissent croître leurs cheveux, et se rasent tout le corps excepté la tête et la lèvre supérieure. Une femme y est commune à dix ou douze frères ou parens. » Vous voyez, Monsieur, que j'ai beaucoup de remercîmens à vous faire pour les complimens que vous nous prodiguez. Je sais que la gloire de la Grande Grèce, des Etrusques, des Romains, a cessé de nous appartenir, que nous devons oublier que toutes les nations de l'Europe une fois tombées dans la barbarie, l'Italie leur tendit une main secourable pour les en relever. Mais les Florentins, les Vénitiens, les Génois, etc., ont existé il n'y a pas long-temps. Et n'avez-vous pas réfléchi, par hasard, que sans eux les hommes ne se seraient jamais cru capables de faire ce qu'ils firent? Dans quel page de l'histoire du genre humain avez-vous lu, qu'une population comme celle de Florence, au-dessous de cent mille habitans, et resserrée dans une vallée, se soit emparée à l'exemple de celle-ci du commerce de toute la terre connue? qu'il y eût une époque où, sans avoir un port de mer, elle possédât une flotte, et opposât en même temps à ses ennemis une armée de seize mille chevaux? Ce qui étonne le plus est, que, chez ce peuple éminemment marchand, l'amour du commerce céda toujours pendant trois siècles, à celui de la liberté, et ne fit jamais de tort ni à sa haute civilisation, ni à son penchant pour tout ce qui est grandiose, ainsi qu'il est arrivé chez les Américains et chez les Suisses. Je vous fais grâce des prodiges de Gênes et de Venise, dont la liberté d'abord populaire et puis aristocratique, ne dura pas moins de treize siècles. Observez que la population d'aucune de ces villes, qui remplirent de leurs exploits la terre étonnée, n'excédait celle de votre Liverpool; et soit dit en passant, ce fut avec les marins génois qu'Elisabeth détruisit la grande *Armada* de Philippe, qui menaçait l'indépendance anglaise.

Pour suivre votre comparaison, je devrais examiner combien vos Autrichiens diffèrent de ces Romains qui firent la conquête de votre pays, si je le prenais au sérieux, je ferais trop d'honneur au premier, et cela vous le sentez vous-même. Je vous indiquerai cependant une circonstance qui peut-être vous est échappée: savez-vous que vos nouveaux Romains, ces Autrichiens pour lesquels vous avez tant d'admiration, n'ont pas donné un seul général dont la postérité puisse conserver le souvenir? Et à qui croyez-vous que le puissant Charles-Quint, et ses successeurs à l'Empire et aux Pays-Bas aient été obligés d'avoir recours pour trouver des généraux habiles? Précisément à ces Italiens que vous assimilez à vos ancêtres au temps de Cossivellaunus. Ce fut Pescara qui gagna la bataille de Pavie ; l'amiral Doria rendit l'Empereur maître des murs ; Alexandre Farnèse fut opposé à Henry IV ; Ambroise Spinola fut envoyé pour combattre le prince d'Orange. Il fallut choisir Montecuculi pour combattre le grand Turenne, et le prince Eugène de Savoie pour chasser les Français du Milanais et du Piémont. Dans les dernières guerres, les Autrichiens ne furent complètement battus, que lorsqu'un italien Buonaparte, se montra sur le théâtre de la guerre. Et quand il s'éloigna pour aller conquérir l'Egypte, les armées autrichiennes qui avaient repris courage à cause de l'absence du héros d'Italie, et qui devenues fières par les renforts considérables de 80,000 Russes, se croyaient aux portes de Paris, ne furent entièrement défaites que par un autre italien, Masséna.

Mais pour revenir à la masse de la nation, vous pourriez encore dire que trois siècles d'asservissement ont énervé les peuples d'Italie, malgré leurs glorieux souvenirs, malgré leur beau climat, *pregno di vita*, qui rend les hommes sobres, élastiques, persévérans dans les fatigues de toute espèce. Examinons par les faits, auxquels cèdent les argumens, si l'énergie des Italiens a été détruite ou seulement assoupie par leur mauvaise fortune, ou pour mieux dire, par l'ineptie de leurs gouvernemens.

Au commencement du XVI° siècle, je vois les peuples des Deux-Siciles décidés à ne pas subir cette inquisition impie et dégradante qui, avait pesé sur presque toutes les nations de l'Europe. En vain, l'Espagne, très puissante alors déploie ses forces pour obliger ces peuples à se soumettre au tribunal sanguinaire ; ils le repoussent de toute leur énergie, et leur volonté triomphe. En 1647, la dernière classe de la population de la ville de Naples, réduite à une misère extrême par l'avarice de ces fiers Castillans, que l'or de l'Amérique n'avait pu rassasier, lève l'étendard de la révolte. Les plébeïens, abandonnés par ceux des classes aisées, sont conduits par un chef improvisé, le pêcheur Masaniello ? Il est comblé d'honneurs par le vice-roi espagnol , qui au bout de quelques jours, le fait assassiner. Les forts de la ville, celui qui la domine compris, sont au pouvoir des Espagnols, mais le courage des pauvres lazaronis ne connaît ni obstacles, ni danger. Pendant neuf mois ils combattent dans les rues de Naples la puissance de Philippe IV. Ils auraient établi cette illustre république napolitaine qui tomba sous Roger Ier, s'ils n'avaient appelé pour leur chef, le duc de Guise. dont l'incapacité rendait inutile un héroïsme populaire sans exemple dans l'histoire. Je tourne en 1745, les yeux vers Gènes : cette petite république ne laisse aucune trace de son ancienne énergie, puisque les rois d'Espagne et de France, pour détruire ses institutions avaient corrompu ceux de la classe plus élevée qui la gouvernaient. Les Autrichiens profitent de la triste position de la république : les voilà maîtres de la ville jadis si fière, si vaillante, on la croit asservie à jamais. Mais non, il reste encore au milieu de ce peuple conquis par la faiblesse de son gouvernement, des étincelles du génie italien. Sans armes, sans combinaisons, sans chefs, il s'éveille, il détruit dans quelques heures l'armée autrichienne forte par son nombre, son artillerie, sa discipline. Pourquoi dans votre enfance eût-on soin, Monsieur, de vous faire connaître l'exploit de l'aventureux Camille contre les fiers Gaulois, sans jamais vous dire un mot du peuple de Gènes qui, n'ayant pour lui, ni un sénat inébranlable, ni le capitole, ni un grand citoyen qui arrive à son secours, détruit un ennemi autrement formidable que les bandes de Brennus !

Sur la fin du dernier siècle, ce roi Ferdinand de Naples, plus imbécile que scélérat, quoique quatre fois parjure, se sauve dans la Sicile, emportant avec lui les trésors du royaume. Il ne laisse dans la capitale, ni troupes, ni un

... chef pour la défendre. Il fait ouvrir les magasins d'armes au peuple, non pas dans l'espoir qu'il combattît les Français, mais afin qu'il égorgeât ceux du parti républicain. Mais le peuple, plus généreux que son prince, dirige ses armes contre l'armée étrangère. Il ne balance pas, il n'attend pas l'ennemi, victorieux dans les rues de cette grande ville; il va à sa rencontre. L'histoire vous dit, que si le général Championnet n'eût pas été aidé par le parti libéral, maître du château qui commande la ville, jamais il ne serait entré dans Naples.

Mais d'où vient, Monsieur que, dans toutes les capitales d'Europe, même dans Paris, les armées étrangères sont entrées sans coup-férir, et que ces lazaronis opposaient leurs poitrines aux conquérants de tant de pays ? Je vous demande, Monsieur, d'où cela vient. Je vous demande aussi d'où vient que lorsque les Français firent la conquête de toute l'Autriche, jamais une population ne prit les armes pour défendre l'indépendance de l'Empire, excepté le Tirol en partie Italien, tandis que dans le midi d'Italie, malgré le triste exemple de l'apathie des peuples autrichiens, malgré la lâcheté du roi, les Calabrais, les Pouillais, les habitans des Abruzzes, se soulevèrent en masse contre les vainqueurs de l'Europe ? Dans la ville d'Andria, près les anciens champs de Cannes, on vit renouveler la résistance désespérée de Sagonte ; et si les Siciliens avaient eu d'autres princes, ou si ces peuples eussent été d'accord entr'eux, l'étoile de Napoléon aurait commencé à pâlir dans ces contrées, sans atteindre la fatale péninsule espagnole.

Pensez-vous par hasard, que les Italiens aient perdu l'aptitude à la discipline et à la guerre régulière ? Dans ce cas, parcourez de nouveau l'histoire des guerres de l'empire français écrites par les Français mêmes, et vous verrez ces belles divisions italiennes, et surtout celles du royaume d'Italie, *primeggiare* (primer) sous tous les rapports en Es-

pagne, à lagrande armée, en Italie. Et ne croyez pas que
leur brillante conduite ne tenait qu'au génie de Napoléon,
qui dans son idée nouvel Alexandre, croyait savoir faire
des soldats partout où il trouvait des hommes; car il n'ai-
mait ni la puissance, ni la gloire italienne, et il se servait
di freno non di sprone envers les Italiens.

Un autre de mes compatriotes aurait peut-être ajouté,
que l'Italie est le berceau des sciences et des arts, que
dans Florence on voit encore les ossemens de Galilée,
auquel on doit Newton, que Milton sans son séjour en Italie,
aurait peut-être pas donné le Paradis perdu; que si les
jalousies qui divisèrent entr'eux les différens états de la
grande famille italienne, lui arrachèrent le trident des mers
ce fut néanmoins un compatriote de Galilée qui, comprit
que d'autres terres devaient exister au-delà des mers con-
nues, et qui découvrit l'autre moitié du globe.

Mais je ne voudrais pas même avoir connu cette supériorité que tout le monde nous accordait volontiers. Je voudrais que les Italiens n'eussent cultivé d'autre science,
d'autre art, d'autre métier, que ceux qui enseignent comment on peut barrer le passage des Alpes, et ensuite élever
un édifice social digne de leur intelligence.

Ainsi vous voyez que, si la mauvaise fortune a soumis
à l'Autriche les peuples italiens, divisés par trop de vie,
ainsi qu'il arriva aux Grecs, les Italiens pris individuelle-
ment auront toujours sur leurs oppresseurs une supériorité
marquée. Et cette supériorité individuelle qu'un peuple doit
en grande partie à la nature de son climat, doit tôt ou tard
triompher des vicissitudes malheureuses qui, l'ont privé de
son indépendance.

Je remercie beaucoup votre jeune fille qui, dans les sa-
lons de Vienne a livré des combats pour la défense de son
vieil ami, lequel du reste a tort comme tous les vaincus.

L'AUTEUR
de l'Italie Militaire.